essentials

essentials liefern aktuelles Wissen in konzentrierter Form. Die Essenz dessen, worauf es als „State-of-the-Art" in der gegenwärtigen Fachdiskussion oder in der Praxis ankommt. *essentials* informieren schnell, unkompliziert und verständlich

- als Einführung in ein aktuelles Thema aus Ihrem Fachgebiet
- als Einstieg in ein für Sie noch unbekanntes Themenfeld
- als Einblick, um zum Thema mitreden zu können

Die Bücher in elektronischer und gedruckter Form bringen das Fachwissen von Springerautor*innen kompakt zur Darstellung. Sie sind besonders für die Nutzung als eBook auf Tablet-PCs, eBook-Readern und Smartphones geeignet. *essentials* sind Wissensbausteine aus den Wirtschafts-, Sozial- und Geisteswissenschaften, aus Technik und Naturwissenschaften sowie aus Medizin, Psychologie und Gesundheitsberufen. Von renommierten Autor*innen aller Springer-Verlagsmarken.

Weitere Bände in der Reihe https://link.springer.com/bookseries/13088

Dietmar Goldammer

Boreout

Wie man Langeweile und Einsamkeit vermeidet

 Springer

Dietmar Goldammer
Düsseldorf, Deutschland

ISSN 2197-6708 ISSN 2197-6716 (electronic)
essentials
ISBN 978-3-658-36250-8 ISBN 978-3-658-36251-5 (eBook)
https://doi.org/10.1007/978-3-658-36251-5

Die Deutsche Nationalbibliothek verzeichnet diese Publikation in der Deutschen Nationalbiblio-
grafie; detaillierte bibliografische Daten sind im Internet über http://dnb.d-nb.de abrufbar.

Planung/Lektorat: Eva Brechtel-Wahl
Springer ist ein Imprint der eingetragenen Gesellschaft Springer Fachmedien Wiesbaden GmbH
und ist ein Teil von Springer Nature.
Die Anschrift der Gesellschaft ist: Abraham-Lincoln-Str. 46, 65189 Wiesbaden, Germany

Was Sie in diesem *essential* finden können

- Erklärung für ein neues Phänomen
- Informationen über Ängste
- Abhängigkeit und Versäumnisse als Ursache
- Depression als Folge
- Vermeidung von Einsamkeit als zentrales Problem

Einstimmung

Ich möchte Sie mit einem Begriff vertraut machen, der noch nicht weit verbreitet ist. Was bedeutet das Wort *Boreout?* Es ist das Gegenteil von Burnout und meint krank machende Langeweile. Und warum ist es wichtig? Weil immer mehr Menschen darunter leiden. Ich bin Boreout schon begegnet, als es diesen Begriff noch gar nicht gab. Dabei habe ich viele Beispiele von Langeweile erlebt. Deshalb möchte ich die Ursachen beschreiben und schildern, was man dagegen tun kann. Im Mittelpunkt steht dabei das Problem der Einsamkeit als Folge von Boreout. Ich untersuche das auch deshalb, weil ich den Eindruck habe, dass dieses Problem in unserer Gesellschaft noch viel zu wenig beachtet wird.

Betroffen davon sind alle Generationen, allerdings weniger die Jüngeren, bei denen es mehr um die berufliche Unterforderung geht, während bei den Ruheständlern[1] die Zeit nach dem Beruf und der Lebenserwartung immer länger geworden ist, und damit auch die Möglichkeit, sich zu langweilen. Und besonders problematisch wird diese Zeit dann, wenn man versäumt hat, sich rechtzeitig darauf vorzubereiten. Deshalb ist dieses *essential* auch ein Ratgeber für diejenigen, die dafür noch keine Vorsorge getroffen haben.

In Zeiten der Corona-Krise trifft und traf die Langeweile besonders diejenigen, die schon vorher damit Probleme hatten, und nun noch nicht einmal den Kontakt zum Beispiel mit Enkeln oder Freunden aufrechterhalten können. Es erscheint also sinnvoll, sich auf diese Situation rechtzeitig einzustellen. Ich möchte deshalb dazu beitragen, die Lebenssituation dieser Menschen besser zu verstehen und die daraus resultierenden Ängste zu reduzieren.

---

[1] In diesem Werk wird aus Gründen der besseren Lesbarkeit das generische Maskulinum verwendet. Weibliche und anderweitige Geschlechteridentitäten werden dabei ausdrücklich mitgemeint, soweit es für die Aussage erforderlich ist.

Erfreulich ist, dass viele Städte Hilfe für Menschen, die unter Boreout leiden, anbieten: Das gilt z. B. für Nachbarschaftstreffen, Vorträge oder die Teilnahme an Veranstaltungen; kirchliche Einrichtungen oder gemeinnützige Vereine sorgen für Abwechslungen und vor allem Männer können sogar im Alter noch kochen lernen. Angebote gibt es also viele, man muss sie aber auch nutzen.

Inhaltsverzeichnis

Ursachen

1.1 Zeit

Ich beginne meine Ausführungen mit dem Zustand, der die Ausgangssituation für Boreout darstellt: Zeit, zu viel Zeit. Wir kennen viele Arten von Zeit: Arbeitszeit, Teilzeit oder befristete Arbeitsverträge und Probezeit als Beispiele aus dem Berufsleben. Unser ganzes Leben wird in Lebensphasen unterteilt und inzwischen gibt es sogar Beispiele, in denen die dritte Lebensphase, also die nach dem Ausscheiden aus dem Beruf, die zeitlich längste ist. Das ist besonders dann der Fall, wenn Mitarbeiter (heute eher nicht mehr) z. B. mit 52 Jahren in den Vorruhestand geschickt wurden. Die gleitende Arbeitszeit verschaffte den Mitarbeitern erste Abweichungen vom strikten Acht-Stundentag. Heute gibt es das Homeoffice, durch das den Mitarbeitern neue Freiräume in ihrer Arbeitszeit ermöglicht werden.

Freizeit ist die Zeit zur freien Verfügung, aber nicht immer stimmt das, z. B. wenn ein Mitarbeiter im Urlaub ständig erreichbar sein muss. Das sind dann auch diejenigen, die nach der Pensionierung besonders unter der Langeweile leiden. Wieder andere gehen nicht deshalb in die Kneipe, weil sie dort ein Bier trinken möchten, sondern weil sie sich mit jemandem unterhalten wollen, und auch sie haben besonders darunter gelitten, dass die Restaurants während der Pandemie lange geschlossen waren.

Für manche ist eine Tätigkeit nach der Pensionierung eine willkommene Hilfe gegen Boreout. Ihnen kommt entgegen, dass die Rentenanwartsgrenze schrittweise auf 67 Jahre erhöht wird. Aber damit trägt man eigentlich nur dem gestiegenen Lebensalter Rechnung. Der derzeitige Trend zum Homeoffice wird dazu beitragen, dass die Zeit, die jeder bisher im Auto verbracht hat, für eine produktivere Zeit genutzt werden kann.

© Der/die Autor(en), exklusiv lizenziert durch Springer Fachmedien
Wiesbaden GmbH, ein Teil von Springer Nature 2022
D. Goldammer, *Boreout*, essentials,
https://doi.org/10.1007/978-3-658-36251-5_1

Es gibt den Begriff Zeitvertreib. Dabei denkt man vielleicht an Kreuzworträtsel, mit denen man einen Teil der Zeit ausfüllen kann. Nur manchmal gibt es auch einen Zusatznutzen in Form eines Preises. Für manche Unternehmen ist das Thema Langeweile so wichtig, dass sie ihren Mitarbeitern und deren Angehörigen, die kurz vor dem Ausscheiden stehen, interne Seminare zur Vorbereitung auf den Ruhestand anbieten. Die Zeit ist also der Ausgangspunkt – diese sollte sinnvoll genutzt werden. Diese Situation möchte ich schließlich noch um ein praktisches Beispiel ergänzen. Mein Sohn hat mir kürzlich gesagt: „Vater, Du brauchst keine acht Stunden Schlaf mehr, sechs reichen aus." Ich habe darauf geantwortet: „Sohn, selbst wenn das stimmt, habe ich doch gleich wieder das nächste Problem, was soll ich denn in den zusätzlichen zwei Stunden Wachzeit machen?"

1.2   Ängste

Bevor ich darauf antworte, lassen Sie uns zunächst die weiteren Ursachen für den Boreout erkunden. Dabei fällt mir als erstes das Thema Ängste ein und dabei wiederum taucht öfter die Angst vor Altersarmut auf. Das hängt sicher damit zusammen, dass den meisten Menschen mittlerweile klar geworden ist, dass die BfA-Rente allein ihnen keinen ähnlichen Lebensstandard sichern kann, wie sie ihn vorher hatten. Ähnlich ist die Angst jüngerer Menschen vor dem Jobverlust und sozialem Abstieg aufgrund längerer Arbeitslosigkeit, besonders wegen der Einführung von neuen Technologien. Manche haben auch schon Angst davor, dass ein Roboter ihnen ihre Aufgabe abnimmt.

Weit verbreitet ist inzwischen auch die Angst vor der Pflegebedürftigkeit. Dazu gehört auch, dass bisweilen erwachsene Kinder das mit Pflegebuchung teure Altersheim mitfinanzieren müssen. Manche haben Angst vor Krankheiten und gehen deshalb nicht zum Arzt, wo sie sich außerdem im Wartezimmer anstecken könnten. Angst gibt es – besonders bei Älteren – auch vor Kriminalität, meistens in Form von Einbrüchen, und manche stellen sich die Frage, wie sicher ist es eigentlich in meinem Stadtviertel nach Einbruch der Dunkelheit.

Es gibt Menschen, die haben Angst davor, etwas Wichtiges zu vergessen, die Zahlung einer größeren Rechnung, besonders dann, wenn z. B. die Rechnungserstellung bei Privatpatienten erst – wie bei vielen Ärzten – viel später nach der Leistungserbringung erfolgt. Manche müssen Angst davor haben, dass ihnen die Wohnung gekündigt wird, weil der Eigentümer eigenen Bedarf geltend machen kann. Selbst wenn dieser Mieter eine neue Wohnung, aber in einem anderen Stadtteil findet, verliert er seine Kontakte.

Es gibt die Angst, dass z. B. bei einer Impfung die Älteren zunächst ausge-
schlossen werden, obwohl eher das Gegenteil der Fall ist. Und obwohl die Rente
durch die Grundrente wieder etwas sicherer ist, gibt es Diskussionen darüber,
wie sie finanziert werden soll. Zumindest wird es Beitragsverluste geben, weil
viele Menschen in der aktuell noch andauernden Corona-Krise ihren Job verlieren, schon verloren haben oder in Kurzarbeit sind und weniger Beiträge zahlen.
Trotz all dieser Probleme kann ich dieser Situation dennoch etwas Positives abge-
winnen, denn es wird dadurch einen Anreiz geben, die Lebenszeit ausgewogener
auf Erwerbs-und Rentenphase zu verteilen.

Manche Menschen leiden unter Platz-, Flug- oder Prüfungsangst. Schlaflosigkeit erzeugt Ängste. Es gibt Angst vor einer Entwicklung, von der man noch gar
nicht weiß, ob sie tatsächlich eintritt, z. B. einer schlimmen Krankheit. Es gibt
kollektive Ängste, z. B. vor Klimakatastrophen oder Kriegen. Einige haben eine
so starke Platzangst, dass sie nicht allein in einem Aufzug fahren wollen. Wohl
am meisten belastend ist die Angst vor dem Verlust eines geliebten Menschen.

1.3 Standort

Auch der Standort bzw. die Wohnungsumgebung können Einfluss haben auf das
Fühlen von Einsamkeit. In einem Hochhaus gibt es oft sehr wenige Kontakte.
Aber zuerst denkt man dabei an das Thema Landflucht. Der Bäcker, der Metzger,
der Kaufmann oder der Frisör, der Rechtsanwalt, sie alle sind weggezogen, und
auch das einzige Restaurant wurde dicht gemacht. Übrig geblieben sind meist
ältere Menschen, für die dadurch nicht nur ihre Versorgung erschwert ist, sondern die auch ihre Kontakte verlieren, wenn sie vorher z. B. beim Einkaufen
Bekannte getroffen hatten, mit denen sie eine Zeit lang geredet haben. Und auch
ein fahrbarer Einkaufsladen, der eine Zeitlang in der Nähe an einer Ecke steht,
ist dafür kein Ersatz.

An dieser Stelle möchte ich jedoch ein wenig Mut machen, denn aufgrund der
starken Tendenz zum Homeoffice und der in den Städten nicht mehr bezahlbaren
Mieten und Kaufpreise für junge Familien könnte sich die Landflucht sogar drehen und zur Stadtflucht werden. Auch das Internet als „Kaufladen" wird dazu
beitragen, wieder lieber auf dem Land zu leben. Man muss allerdings damit
umgehen können. Ich werde deshalb darauf zurückkommen.

Ein Standortnachteil bleibt und wird wohl auch nicht schnell verbessert werden: die mangelnde Infrastruktur in den Randgebieten. Selbst wenn in einer
Nachbargemeinde ein kulturelles Angebot stattfindet, kann man nicht daran teil-
nehmen, weil es keine Busverbindung gibt. Nicht mehr so attraktiv scheint es zu

sein, den Winter in einer Finka auf Mallorca zu verbringen, weil das auch dort als langweilig empfunden wird. Hingegen gibt es Menschen, die in der Nähe eines Hochofens eine Eigentumswohnung kaufen, weil sie in diesem Stadtteil geboren sind und ihre alten Kontakte erhalten möchten. Ein relativ neues Experiment besteht darin, dass Jung und Alt eine Wohngemeinschaft bilden. Wenn das gut geht, könnte diese Wohnform auch eine Vorstufe für das Leben im Heim sein, was eines Tages in manchen Fällen die einzige letzte Option ist. Kontakte kann man dann aber auch dort schließen.

1.4   Kontaktarmut

Unter Kontaktarmut verstehe ich die Situation, dass es zwar Kontakte und Angebote gibt, aber ein sich langweilender Mensch diese Möglichkeiten nicht nutzen kann, weil er selbst nichts dazu beizutragen hat. Ich möchte das gerne an einem Beispiel deutlich machen. Ich treffe mich regelmäßig mit einem Freund, der genauso alt ist wie ich, zu einem Schoppen in unserem Stammlokal. Wolfgang ist freundlich und aufgeschlossen, er hört auch zu, aber selbst hat er selten einen Beitrag oder wenn überhaupt nur einen, den ich schon ein paar Mal gehört habe. Ich denke vor einem solchen Gespräch vorher darüber nach, welches Thema wir erörtern wollen. Dazu fordere ich auch ihn auf. Seine Antwort: „Lass Dir was einfallen!"

Es gibt so viele Beispiele von Sprachlosigkeit im persönlichen Miteinander, z. B. zwischen Kollegen am Stammtisch beim Bier, in der Altstadt, in der Pause im Theater, beim Small Talk mit dem Nachbarn, an der Bar eines Hotels oder mit einem Tischnachbarn bei einer Feier. Manche denken geradezu krampfhaft darüber nach, welches Thema sie zur Überwindung der Stille anschneiden könnten, oft ohne Erfolg. Oder denken Sie an den Rentner, der öfter zum nahe gelegenen Kiosk geht, weniger, um etwas zu kaufen, sondern um dort jemanden zu treffen, mit dem er sich unterhalten kann. In anderen Fällen ist Sprachlosigkeit auch eine Folge der langjährigen Partnerschaft, in der eigentlich schon alles gesagt ist. Am besten kann man das in einem Restaurant oder im Wartezimmer beim Arzt beobachten.

Natürlich gibt es auch das Gegenteil von Kontaktarmut. Das kann man z. B. in einem Restaurant erleben, wo eine von acht Personen den ganzen Abend nahezu allein spricht und zwar so laut, dass andere sich gestört fühlen. Ich verstehe dieses Gegenteil von Kontaktarmut als ein sehr erhöhtes Mitteilungsbedürfnis. Dieses tritt bisweilen auch bei Nachbarn auf, die man sich bekanntlich nicht aussuchen kann, wenn der eine sich gerne unterhalten möchte, der andere aber im Garten arbeiten will. Und Geduld muss man haben, wenn ein Enkel etwas erklärt haben möchte. Aber dieser ist ja dann auch der Anlass dafür, dass man keine Langeweile hat.

1.5 Abhängigkeit

Wieso ist Abhängigkeit auch eine Ursache für Boreout? Weil Abhängigkeit oft zu Vernachlässigung eigener Interessen führt. Und die z. Zt. besonders diskutierte Form von Abhängigkeit sehe ich darin, dass ältere Menschen zunehmend auf die Hilfe von Dritten bei der elektronischen Kommunikation angewiesen sind, während die Jüngeren davon abhängig sind, stets über die jeweils neueste Version der Kommunikationsmittel zu verfügen. Sie stehen dafür sogar nachts auf, um als erste in den Verkaufsladen eingelassen zu werden.

Es gibt viele Menschen, die sind abhängig von Medikamenten, Alkohol, Zigaretten oder Drogen. Es kommt vor, dass jemand befürchtet, ein Medikament würde nicht mehr bei ihm wirken, und er dann von einem stärkeren Mittel abhängig wird. Damit einher geht ein zunehmendes Desinteresse am normalen Leben und damit Langeweile. Es gibt Menschen, die von anderen Personen abhängig sind, und besonders schlimm empfunden wird die Abhängigkeit vom Partner. Die Betroffenen grübeln dauernd darüber nach und kommen zu keinem Ergebnis, sie brauchen Hilfe, wozu ich Anregungen im zweiten Kapitel des Buches vermitteln werde.

Finanzielle Abhängigkeit spielt bei manchen Partnern eine Rolle, ohne die Chance, dort wieder herauszukommen. Manchmal geht es auch darum, nicht in die Abhängigkeit von jemandem zu geraten. Deshalb versuchen einige, erst gar nicht in eine solche Situation zu kommen, sondern vermeiden, sich zu stark zu engagieren, damit sie nachher nicht zu enttäuscht sind, wenn die Zuneigung nicht erwidert wird.

Manche Menschen können schlecht allein sein. Sie brauchen jemanden neben sich, den sie anfassen können, wenn sie nachts von einem bösen Traum erwachen oder plötzlich Schmerzen haben. Das kann so weit gehen, dass allein die Anwesenheit eines anderen Menschen in der Wohnung eine gewisse Sicherheit vermittelt. Ein Rezept gegen Abhängigkeit gibt es nicht. Aber man kann versuchen, aus der Abhängigkeit einen Kompromiss und eine Kooperation zu machen, mit der beide leben können.

1.6 Depression

Unter Depression versteht man Niedergeschlagenheit, Interessenlosigkeit und Antriebslosigkeit. Allein in Deutschland sind mehrere Millionen Menschen davon betroffen und man kann sich vorstellen, dass besonders dieser Zustand zu Boreout führt. Zum Ausdruck kommt dies u. a. dadurch, dass Entscheidungen immer wieder verschoben werden. Manche können sich gar nicht erst aufraffen, eine Sache zu erledigen. Es kann sein, dass Depression mit Schlaflosigkeit oder sexuellem Desinteresse verbunden ist. Man kann darüber streiten, ob Depression eine Krankheit ist oder die Ursache für solche Symptome.

Es gibt zwar Medikamente dafür, aber diese haben oft auch nicht gerade angenehme Nebenwirkungen, deshalb sollte man sich in ärztliche Behandlung begeben. Oft kann eine Depression einen bestimmten Grund haben, z. B. den Verlust des Ehepartners, und die bereits beschriebenen Ängste können zu diesem Zustand führen. Auch der misslungene Start eines selbst gegründeten Unternehmens kann einen Hilflosigkeit und Niedergeschlagenheit erleben lassen.

Man kann zahlreiche Abhandlungen über Depressionen lesen, aber vor allem Hilfe in einer speziellen Klinik und bei Fachärzten suchen. Weitere Informationen und Erläuterungen gibt es auch z. B. auf der Seite https://www.deutsche-depressio nshilfe.de/start (letzter Abruf 29.09.2021), u. a. auf die Fragen: Bin ich überhaupt depressiv? Welche Rolle spielen Angehörige? Was sagt mein Hausarzt dazu? Wo finde ich Hilfe?

1.7 Versäumnisse

Von allen Versäumnissen, die ich kennengelernt habe, ist die nicht stattfindende Organisation des Übergangs vom Job in die Rente die Negativste – und es gibt auch einen Grund dafür: Prokrastination. Die betreffenden Menschen verschieben die Vorbereitung dafür immer wieder, bis es schließlich für einen reibungslosen Übergang zu spät ist und der Kampf gegen Boreout beginnt.

Besonders betroffen von einer solchen Situation sind Selbstständige, denn für sie gibt es keine berufliche Altersgrenze, und sie haben oft versäumt, für ihr Alter vorzusorgen. Ihnen bleibt dann nur die Möglichkeit weiter zu arbeiten und zu hoffen, dass sie dafür gesund bleiben. Und hier geht es auch nicht nur um finanzielles Vorsorgen, sondern auch um die Möglichkeiten der Freizeitgestaltung im Alter.

Für die Angestellten ist es meist gar nicht möglich, über die übliche Altersgrenze hinaus zu arbeiten. Wenn sie Glück haben, können sie noch mit einer

Teilzeitanstellung eine Zeit lang weiter machen. Andere gründen vielleicht noch ein neues Unternehmen und begehen dabei das nächste Versäumnis, sie haben keinen Plan B für den Fall, dass das Unternehmen nicht erfolgreich ist. Nicht alle müssen nach der Pensionierung noch arbeiten, weil sie finanziell zurechtkommen und sich ihrem Hobby widmen können. Aber auch sie machen manchmal die Fehler zu vergessen, vor dem Ausscheiden ihren Schreibtisch aufzuräumen, sich die Telefonnummern von befreundeten Kollegen zu merken oder zu hinterlassen, wo sie in Zukunft erreichbar sind. Und wie peinlich ist es, wenn ein Ansprechpartner aus einem anderen Unternehmen Sie anrufen möchte und erst jetzt von einem ehemaligen Kollegen erfährt, dass Sie bereits seit zwei Wochen im Ruhestand sind.

1.8 Einsamkeit

Das Thema Einsamkeit wird immer mehr zum zentralen Problem unserer Gesellschaft. Die Menschen werden immer älter und die dritte Lebensphase dauert immer länger an. Immer mehr Ältere haben Schwierigkeiten, bei der technischen Entwicklung mitzuhalten und am öffentlichen Leben teilzuhaben. Behördenbriefe werden immer komplizierter, und der Kasten Wasser, der in die Wohnung transportiert werden muss, wird für Ältere immer schwerer.

Wenn Sie auf dem Land leben, nehmen wegen der Landflucht die Kontakte zu Nachbarn sowie Bekannten immer mehr ab und Treffpunkte werden seltener. Besonders gelitten haben die Einsamen unter der Pandemie, da sie während des Lockdowns noch nicht einmal ihre oft kleine Wohnung verlassen durften und auch nicht ihre Enkel treffen konnten, selbst wenn die in der Nähe wohnten. Der Kontakt mit der Außenwelt beschränkte sich weitgehend auf das Telefon, das Fernsehen und den PC, wenn man diesen bedienen kann. Das kann so weit führen, dass die Bewohner eines Altenheims die Einsamkeit mehr fürchten als das Virus.

Wir sind gerne mit anderen Menschen zusammen. Trotzdem lebt in 17 Mio. Wohnungen nur eine Person. Ich wohne beispielsweise in einem Stadtteil, in dem 50 % der Senioren als Singles leben. Um das zu verstehen, muss man zwei Kriterien beachten. Zum einen gibt es Menschen, die gerne allein leben und die keiner dazu zwingt; andere haben keine Partner, Familie oder Freunde, mit denen sie zusammenleben könnten. Einige haben es sich hingegen aufgrund ihrer finanziellen Lage ermöglicht, im Alter nicht zusammen in einer Wohnung zu leben, sondern jeder seinen Rückzugsaufenthalt zu behalten.

Folgende Entwicklung nimmt auf ältere Menschen mehr Rücksicht: Zunehmend entstehen Angebote in den Stadtteilen, weil ältere Menschen mehr auf ihre unmittelbare Umgebung fokussiert sind. Das Neue dabei ist, dass solche Initiativen nicht von den Politikern ausgehen, sondern von den Menschen, die dort wohnen und die ehrenamtlich tätig sind.

Inzwischen erkennt aber auch die politische Ebene, dass sie sich mehr um die Belange der Älteren kümmern und dabei insbesondere das Problem Einsamkeit aufgreifen muss, um Boreout bei den Betroffenen zu vermeiden. Zu Beginn der Corona-Krise gab es den Vorschlag, einen Einsamkeitsbeauftragten sowie eine Expertenkommission, die sich wissenschaftlich mit der Bekämpfung der Einsamkeit befasst, einzurichten. In manchen Städten gibt es bereits Seniorenräte, die über Themen, wie „Hallo Nachbarn", oder „Herzensgespräche" diskutieren. Kürzlich habe ich einen Prospekt mit der Headline „Zusammen weniger allein – Wege aus der Einsamkeit" gelesen. Und es gibt eine Organisation, die Telefonfreundschaften vermittelt. Durch die Pandemie hat diese Entwicklung noch einmal einen Aufmerksamkeitsschub bekommen. Ich glaube deshalb, dass Boreout nach der deutlich gewordenen Problematik in Zukunft einen höheren Stellenwert haben wird und Gegenmaßnahmen das generationenverbindende Engagement stärken könnten.

Die Begriffe *Einsamkeit* und *Alleinsein* werden bisweilen synonym gebraucht, aber das stimmt nicht. Während Einsamkeit noch deutlich mehr negativ bewertet wird, ist das beim Alleinsein nicht immer so. Es gibt Menschen, die so leben möchten und sich dabei wohl fühlen. Im anderen Fall kann schon die zweitägige Abwesenheit des Partners dazu führen, dass jemand unglücklich wird, der abhängig vom anderen Menschen ist. Man erkennt solche einsamen Menschen auch z. B. beim Spaziergang im Wald, wenn man beispielsweise eine ältere Dame sieht, die nur noch mit ihrem Hund sprechen kann. Sprechen Sie sie an und sagen Sie ihr etwas Nettes. Ich denke, dass besonders Ärzte, Apotheker, Postzusteller oder Kioskbetreiber in dieser Situation in der Lage sein sollten, auf solche Menschen zuzugehen, die sie in ihrem Berufsumfeld als einsam erleben.

In diesem Sinne gefällt mir am besten die Headline „Gemeinsam gegen die Einsamkeit". Dahinter steht das Bedürfnis der Menschen, mit anderen zusammen zu sein und sich auszutauschen. Das wird in unserer Gesellschaft aber auch immer mehr erkannt und es gibt mehr Angebote, die den Einsamen helfen können. Damit möchte ich überleiten zu den Möglichkeiten, mit denen die in diesem ersten Kapitel beschriebenen Ursachen für Boreout vermieden werden können.

Strategie 2

2.1 Lebensplanung

Als mein Sohn auf das Abitur zuging, habe ich ihn natürlich gefragt, was er denn gerne danach machen wolle, was seine Lebensplanung sei. Er hat darauf geantwortet, dass er das eigentlich noch nicht wisse. Aber bewegen würde ihn dieses Thema schon, weil sein Freund sich bereits entschieden habe, eine Ausbildung zu machen und später den Handwerksbetrieb seines Vaters zu übernehmen. In Anbetracht der Bedeutung dieser Entscheidung ist es eigentlich nicht verständlich, dass viele junge Menschen nicht darüber nachdenken. Zugegeben, es ist heute schwieriger, z. B. den Bau eines Hauses zu planen, wenn mehr als die Hälfte aller Arbeitsverträge befristet oder auf Teilzeit bezogen sind. Da hatten es deren Eltern einfacher. Damals galten zwar noch höhere Zinsen. Aber es konnte mit einer jährlichen Gehaltserhöhung sowie mit einer Beförderung gerechnet werden, und diese Planung ist meistens aufgegangen. Ich würde mir deshalb wünschen, dass es mehr Hilfsangebote zur Beratung für das Berufsleben gibt und dass diese auch angenommen werden.

Als nächstes steht bei der Lebensplanung die Familie an. Dabei geht es nicht nur um Kinderwunsch, Schwangerschaft und Geburt. Es leben jetzt mehr Paare zusammen, ohne verheiratet zu sein. Es gibt auch mehr sog. Patchwork-Familien, in denen Jugendliche von verschiedenen Eltern zusammen leben, und manchmal kann man auch die Großeltern in die Planung einbeziehen.

Das Thema Gesundheit wird in jüngeren Jahren vernachlässigt. Mit dem Check-Up einmal im Jahr sollte man nicht erst nach der Pensionierung beginnen, und noch weniger geplant wird mit der Altersvorsorge umgegangen. Die meisten Angestellten sind zwar in der gesetzlichen Sozialversicherung. Aber die reicht nicht mehr für den Erhalt des Lebensstandards nach dem Berufsleben, und

D. Goldammer, *Boreout*, essentials, https://doi.org/10.1007/978-3-658-36251-5_2

für die Selbstständigen besteht überhaupt keine Pflicht zur Altersvorsorge. Deren Problem zeigt sich vor allem dann, wenn es eine Wirtschaftskrise gibt und die Altersrücklagen in das operative Geschäft fließen.

Schließlich sollte berücksichtigt werden, dass ein Plan nicht immer so aufgeht, wie angedacht. Deshalb wird empfohlen, für die wichtigsten Aspekte einen Plan B zu machen. Das könnte beispielsweise der Fall sein, wenn die Altersvorsorge wegen der demografischen Entwicklung nicht mehr ausreichend ist. Was könnte man dann noch machen? Ähnlich ist die Situation, wenn man eine wichtige Prüfung nicht besteht. Wenn Sie jetzt beschließen, einen solchen Plan zu entwickeln, dann starten Sie am besten mit folgenden drei Fragen: Wer bin ich, was kann ich, wohin will ich? Es ist nie zu spät, fangen Sie noch heute damit an!

2.2 Tagesablaufplanung

17 h Wachzeit hat der Tag, jedenfalls im Durchschnitt. Eine Bekannte von uns plant fast jede Stunde ihres persönlichen Programms ein, z. B. um 11.00 Uhr zum Friseur gehen, eine Stunde, ebenfalls eine Stunde für das Mittagessen um 12.30 Uhr beim Italiener, um 14.00 Uhr eine Stunde Fitness-Training und um 19.00 Uhr „Franziska anrufen". Die Tagesplanung ist also in erster Linie eine Zeitplanung sowie eine Erinnerung und, das ist in diesem Fall besonders wichtig, sie hilft, Langeweile zu vermeiden – allein schon deshalb, weil alles, was aufgeschrieben wird, eher zu einer Handlung führt, als das, worüber man lediglich nachdenkt. Man bekommt den Eindruck, etwas zu tun zu haben. Ein Nebeneffekt besteht darin, dass man wichtige Tätigkeiten im Voraus planen kann, z. B. den Termin für die Kündigung oder Verlängerung eines Vertrages.

Wichtige Geburtstage sowie der Hochzeitstag werden nicht vergessen, besonders wenn man diese farblich in seinem Plan kennzeichnet. Wenn man im Stundentakt plant, sollte man daran denken, dass man für manche Aktivitäten mehr Zeit braucht. Das erleben wir spätestens im Wartezimmer eines Arztes oder Zahnarztes, und auch bei einer längeren Autofahrt sollte vorsichtshalber mit einem Stau gerechnet werden. Man kann besondere Veranstaltungen für später einplanen, manchmal auch mit entsprechender Voranmeldung. Oder im Supermarkt gibt es ein Sonderangebot, aber nur innerhalb einer bestimmten Zeitspanne, die man sich notiert. Es gibt Dienstpläne für einzelne Tage, z. B. im Gesundheitswesen. Und wenn man eine Reise geplant hat, kann es Sinn machen, diese rechtzeitig vorzubereiten. Es gibt Zeitungsbeilagen für die Planung von Besuchen spezieller Kulturangebote, die im nächsten Monat stattfinden. Manche Chefs überließen früher die Tagesplanung aber lieber ihrer Sekretärin.

Ob diese Planung digital oder auf Papier im Taschenkalender erfolgt, ist eigentlich egal, Hauptsache, sie findet überhaupt statt.

2.3 To-do-Liste

Bei der To-do-Liste geht es weniger darum, dass bestimmte Zeiten geplant werden, sondern dass wichtige Vorhaben auch tatsächlich stattfinden. Manche verstehen darunter auch das Aufgaben-Management als Planung, Terminierung und Fristeneinhaltung. Das ist aber eher eine Art Zeitmanagement. Ein besserer Ausdruck wäre die „Offene-Punkte"-Liste, die meistens mit einem klassischen Wiedervorlage-System verbunden ist.

Am besten verstehen kann man dieses Instrument durch ein paar Beispiele. Ganz oben steht die Regelung des Nachlasses (Testament, Vorsorge-Vollmacht, Patientenverfügung). Dann kommt die Gesundheit, wann mache ich den Gesundheits-Check bei meinem Arzt? Danach kommen die Kontakte, mit wem möchte ich meinen Kontakt auch nach der Pensionierung aufrechterhalten? Das Stichwort „Wohnen" hat hier seinen Platz, muss das Haus renoviert werden oder sollen wir lieber in eine Wohnung umziehen? Deshalb wird es Zeit, den Keller aufzuräumen. Und: Habe ich meinem Partner etwas versprochen, z. B. eine Reise zu machen?

Nachdenken sollte man auch darüber, ob die Mitgliedschaft in einem Verein sinnvoll wäre, und mit einem Theater-Abonnement kann man den Partner erfreuen. Man kann sich auch fragen, ob man eine Spende an eine gemeinnützige Institution machen sollte, was man bisher immer wieder verschoben hat. Organisationen, die sich darüber freuen würden, gibt es genug. Man sollte aber einkalkulieren, dass diese, wenn man einmal eine größere Spende gemacht hat, bisweilen um eine weitere Spende gebeten wird. I. d. R. bekommt man ja aber dann auch eine Spendenbescheinigung. Oder kann sogar in dieser Organisation ehrenamtlich tätig werden.

Der größte „Feind" der To-do-Liste ist die „Aufschieberitis", schreckliches Wort, aber es trifft die Sache am besten. Man kann natürlich einen Termin verschieben, aber das ist beim zweiten Mal peinlich, besonders wenn es auch andere betrifft. Wenn es der eine auf den anderen schiebt, ist das auch keine Lösung, und das Klassentreffen findet schließlich überhaupt nicht statt. Manche Termine lassen sich auch nicht verschieben. wenn man keine Begründung dafür hat. Das gilt z. B. für den Abgabetermin der Steuererklärung. Daran wird aber normalerweise auch das Steuerberatungsbüro erinnern.

Was Langeweile bedeutet und welche Probleme diese auslöst, ist vielen erst durch die Quarantäne aufgrund der Pandemie klar geworden. Da diese Krise uns so schnell nicht verlassen wird, erscheint es angebracht, den Spieß herum zu drehen und in dieser Situation zu überlegen, wie man sich in Zukunft besser darauf vorbereiten kann.

2.4   Hobby

Für einige ist der Beruf das Hobby. Bei Unternehmensgründern, ehemals Selbstständigen und Managern kann ich mir das ja noch vorstellen, aber bei abhängig Beschäftigten eher nicht, zumal das für sie besonders gefährlich ist, denn nach der Verrentung ist plötzlich nichts mehr da. Wohl dem, der ein berufsfernes Hobby oder ein Ehrenamt hat. Es gibt aber auch derjenigen, die ihr Hobby zum Beruf gemacht haben, z. B. der Reitlehrer oder der Jäger, und noch eine Zeitlang davon zehren können.

Nach allgemeinem Verständnis bedeutet Hobby Freizeitgestaltung. Es gibt viele Kategorien dafür, z. B. Kunst, Sport, Musik, Sprachen, Reisen oder Literatur, und die jeweilige Zielrichtung kann sich in Wortverbindungen zum Ausdruck bringen, z. B. Hobbyhistoriker oder Hobbymaler. Das Hobby muss Spaß machen, sonst ist es keines, und es soll der Entspannung dienen. Die meisten fangen damit bereits während ihrer aktiven Zeit an und nutzen die gewonnene Freizeit nach der Pensionierung, um es auszubauen. In diesem Zusammenhang ist Hobby vor allem Teil eines Konzeptes gegen Langeweile.

Da die Ausübung eines Hobbys oft zusammen mit anderen Menschen stattfindet, ist es auch eine Möglichkeit der Kontaktpflege, und nicht selten entwickeln sich daraus Freundschaften. Ich kann mich noch gut an gemeinsame Kochabende erinnern, bei denen jeder eine Teilaufgabe für das daraus entstehende gemeinsame Abendessen übernahm. Leider gibt es heute diesen Brauch nur noch selten.

Für diejenigen, die sonst wirklich nicht wissen, was sie machen sollen, bietet sich am besten noch das Lesen an. Auch das kann man zielführend gestalten. So treffe ich mich z. B. einmal im Monat mit zwei Freunden und jeder übernimmt dabei abwechselnd das Lesen sowie Diskutieren eines gerade aktuellen Buches. Daran erkennt man auch, wie sich die Hobbys verändert haben. Denn die vor 30–50 Jahren üblichen Hobbys, wie Modelleisenbahnbau oder das Briefmarkensammeln, für deren Wert die Enkelgeneration, der man diese vererben will, kein Verständnis mehr hat, waren früher die Hobbys, über die man sich mit Gleichgesinnten austauschen konnte.

2.5 Ehrenamt

Während sich das Hobby auf die eigene Person bezieht, ist das Ehrenamt mehr an die Bedürfnisse anderer gerichtet. Beides ist unentgeltlich und freiwillig und beides kann insoweit Langeweile vermeiden. Wie beim Hobby ist auch das Ehrenamt in der Regel mit Kontakten verbunden und kann damit zu einem sinnvollen Zeitvertreib führen. Immer mehr Menschen verspüren auch das Bedürfnis, etwas für die Allgemeinheit zu tun. Krankenhäuser werben um ehrenamtliche Hilfe für ihre Patienten, es gibt Ehrenamtsmessen und die kirchlichen Organisationen werben für das Ehrenamt mit der Aufforderung „Mach mit!". Die Diakonie fördert das Ehrenamt mit einem Qualitätshandbuch, das als Leitfaden für die praktische Arbeit mit Ehrenamtlichen dienen kann. Ein engagierter Ehrenamtler erklärte: „Mir macht das Spaß, ich lerne Menschen aus der Nachbarschaft kennen und knüpfe Kontakte." Sogar in Bewerbungsgesprächen fragen junge Leute, ob sich ein Unternehmen auch für einen sozialen Zweck engagiert.

Klar ist aber auch, dass ein Ehrenamt sowohl den Nutznießern hilft als auch den Helfern. Wichtig ist, dass das Ehrenamt zum Interesse des Ehrenamtlers passt, denn sonst macht die Sache keinen Sinn. Deshalb sollte man sich das gut überlegen und sich nicht drängen lassen, etwas zu übernehmen, was man eigentlich nicht machen möchte. Ebenfalls klar sein sollte, welche Verantwortung mit dem Ehrenamt verbunden ist und ob beispielsweise eine Versicherung für diese Tätigkeit abgeschlossen werden sollte, z. B. zu Haftungsfragen in Vereinen. Auf der Suche nach einem Ehrenamt kann man inzwischen im Internet zahlreiche Anregungen bekommen. Auch in vielen Bekanntenkreisen wird dieses Thema aufgeworfen. Es ist offenbar in Mode, etwas für die Allgemeinheit zu tun. Das zeigt positive Entwicklungen auf für den „Kitt in der Gesellschaft".

Die meisten Ehrenämtler findet man nach meiner Erfahrung in den Vereinen. Hier sind auch der Schatzmeister, der Schriftführer oder der Kassenprüfer ehrenamtlich tätig, und dabei stellt sich die Frage, wieviel Zeit man dafür aufwenden will. Schließlich möchte ich auf zwei Aspekte in diesem Zusammenhang aufmerksam machen. Zum einen ist manches Ehrenamt auch dazu da, Spenden für einen sozialen Zweck einzusammeln, damit auch andere Projekte gegen Boreout stattfinden können. Und zum anderen sollte ein solches Engagement rechtzeitig begonnen werden, nicht erst, wenn Sie sich bereits langweilen.

2.6   Lebensgeschichten

Wenn man über Lebensgeschichten schreibt, dann taucht auch der Begriff Storytelling auf. Ich bin darauf gestoßen, als ich den Inhabern von Planungsbüros nach dem Ausscheiden dabei half, die Geschichte ihres Unternehmens zu erzählen. Nicht selten haben diejenigen, die diesem Rat gefolgt sind, dabei erlebt, dass das Spaß machen kann und dass man dafür mehr Zeit braucht, als zunächst gedacht. Als „Nebenprodukt" stellt sich oft das Erfolgserlebnis ein, das sonst in Vergessenheit geraten wäre.

Überhaupt sind Familiengeschichten zur Zeit wieder „in". Denken Sie z. B. an das Buch von und über Barack Obama oder an das Buch über Aufstieg, Mut und Wandel von Dirk Rossmann. Immer mehr Menschen schreiben ihre Biografie auf, ohne die Absicht, diese als Buch zu vermarkten, und wenn, dann z. B. als „Eine Reise in die Vergangenheit" oder „Das war mein Leben". Neue Bücher erscheinen über die Kriegsjahre oder das Kaiserreich. Im Beethovenjahr erfuhr man viel über ein Genie, und selbst auf Buchdeckeln steht meist die Kurzgeschichte des Autors. Relativ wenig kann man hingegen von den mittelständischen Weltmarktführern in der süddeutschen Provinz lesen, während in den Zeitschriften nicht vergessen wird, an die seit der letzten Ausgabe gestorbenen bekannten Menschen zu erinnern.

Offenbar steigt das Interesse der Menschen daran, der Nachwelt nicht nur Werte zu hinterlassen, sondern auch ihre Erfahrungen, und ich möchte daran erinnern, dass es auch einen Vorläufer gibt: das Tagebuch. Leider ist diese Form der Lebensgeschichte aus der Mode gekommen und wird heute meistens nur noch von Frauen oder Teenagern praktiziert. Vor einiger Zeit hat mir ein Freund nach unserer Diskussion über dieses Thema einen Jahreskalender geschenkt, und ich habe am 1. Januar damit begonnen, meine täglichen Erlebnisse aufzuschreiben. Aber, ich bin ehrlich, nach fünf Monaten habe ich nicht mehr daran gedacht. Es gibt also eine Menge zu erzählen, man muss aber Anregungen dafür kennen. Ein paar literarische Beispiele sind auch in einem kleinen Literaturanhang erwähnt.

2.7   Lesen

Vielleicht ist Ihnen ja auch schon einmal der Ausdruck begegnet, jemand sei „belesen". Was wäre die Zeitschrift, das Buch, die Tageszeitung, die Werbung, wenn das alles niemand lesen würde? Das Lesen bestimmt unser Leben. Das Lesen gehört sicher zu den einfachsten Möglichkeiten, gegen Langeweile anzukämpfen. Aber was soll man lesen? Das ist auch nicht schwierig: Information,

Entspannung, Übung, Aufregung, Anregung – es wird eigentlich alles angeboten, was man sich denken kann, und man muss auch nicht alles selber kaufen, sondern kann im Internet lesen oder es in einer Bibliothek ausleihen. Nur eines sollte man tunlichst nicht machen: sich ein Buch von einem Bekannten leihen und vergessen, es auch wieder zurück zu geben.

Fündig wird man auch in Broschüren, Prospekten und kostenlosen Werbezeitungen! Manchen Menschen gelingt es auch, nachts, wenn sie nicht schlafen können, zu lesen, aber bitte nichts Aufregendes, denn dann schlafen Sie erst recht nicht wieder ein. Für manche Menschen ist die Urlaubslektüre wichtig, auch wenn sie am Ende des Urlaubs noch gar nicht damit angefangen und das Lesen auf das nächste Jahr verschoben haben.

In letzter Zeit nimmt das Online-Lesen zu, z. B. wenn man seine Tageszeitung für eine bestimmte Zeit abbestellt und den Text stattdessen online im fernen Ausland lesen kann. Ich halte das für sehr praktisch, weil man das Umblättern und Halten größerer Zeitungsseiten umgeht.

Unterschiedlich sind auch die Inhalte unseres Lesestoffes. Es gehört zur Allgemeinbildung, wenigstens etwas über die klassische Literatur zu wissen oder auch über unsere Zukunft mit CO_2-Ausstoß, erneuerbaren Energien und E-Mobilität. Es wäre doch einigermaßen peinlich, wenn man dabei überhaupt nicht mitreden kann.

Nicht immer ist das Lesen so einfach. Das gilt z. B. für einen Text, den man partout nicht versteht oder nicht nachvollziehen kann. Haben Sie den Mut, nicht weiter zu lesen. So wichtig kann das eigentlich nicht sein. Es gibt so viel andere Literatur, die für den jeweiligen Leser interessanter ist.

Schwierig wird es für Ältere, wenn die Buchstaben in manchen Büchern oder Zeitschriften einfach zu klein gedruckt sind. Ähnlich ist die Erfahrung, dass die Farbe mancher Publikationen so stark ist, dass man die Buchstaben kaum noch lesen kann.

Es gibt Menschen, die können lesen und dabei noch etwas anderes machen. Manchmal weiß man unterwegs z. B. nicht mehr, wo man etwas gelesen hat oder wie der Name eines bekannten Künstlers geschrieben wird. Fragen Sie Ihr Internet, es ist auch ein tolles Wörterbuch. Aber bitte, wenn Sie das machen, dann passen Sie auf, wo Sie gerade sind. Denn Sie sollten schon vermeiden, eine aktuelle Nachricht im Handy mitten auf der Kreuzung zu lesen.

Leider hat das weltweite Netz auch Nachteile. Es werden Fake News verbreitet, die Kriminalität breitet sich auch über die Geschäfte im Internet aus oder Nachrichten erschrecken einen, wenn beispielsweise ein Mediziner darlegt, ein 80-Jähriger in einem Krankenhaus habe ein 500-fach höheres Sterberisiko als ein junger Mensch!

Die Bedeutung des Lesens zur Vermeidung von Langeweile ist damit deutlich geworden. Deshalb glaube ich auch nicht, dass die morgendliche Papierversion der Zeitung an der Haustür oder auf dem Weg zum Job am Kiosk schon bald verschwunden sein wird.

2.8   Schreiben

Die meisten denken beim Stichwort Schreiben zuerst an Bücher, obwohl das nun gerade die größte Herausforderung für einen neuen Autor ist. Fangen Sie mit etwas Leichterem an, z. B. einem Gedicht, einem Brief oder einem Fachaufsatz in einer Zeitschrift. Bei Seminarunterlagen sollten Sie darauf achten, dass nicht zu kleine Buchstaben, die in den hinteren Reihen keiner mehr erkennen kann, auf den Charts erscheinen.

Wenig erfolgreich sind Leserbriefe und Hotelbeurteilungen; viele nutzen diese zwar, aber kaum ein Mensch reagiert darauf, auch kein Computer. Und beim Ausfüllen eines Kosten-Erstattungsformulars kann man bisweilen den Eindruck gewinnen, dass die dabei zu beantwortenden Fragen gar nicht mehr aufhören und nur deshalb beantwortet werden sollen, damit man das schließlich ganz aufgibt.

Zurück zum Buch. Die größte Hürde für einen Anfänger besteht darin, einen Verlag zu finden, der es druckt. Angebote, das Buchschreiben zu lernen, gibt es. So habe ich z. B. in einem Prospekt für ein Webinar die Überschrift gelesen: „Wie entsteht aus einem Manuskript ein Buch?" Das hört sich toll an, aber werden die Erwartungen auch erfüllt? Eine weitere Möglichkeit besteht darin, mit einer Agentur zusammen zu arbeiten, die man allerdings auch bezahlen muss. Vorsicht ist geboten bei Verlagen, die eine Selbstbeteiligung des Autors an den Kosten vorab verlangen Das kann leicht dazu führen, dass dieser Aufwand auch bei optimistischen Annahmen für den Umsatz nicht wieder hereinkommt. Ein Patentrezept gibt es also nicht. Aber wenn alles scheitert, kann man immer noch von der Möglichkeit des Self-Publishing Gebrauch machen. Auch wenn man damit nicht reich und auch nicht berühmt werden kann.

Wenn man es schließlich geschafft hat, als Autor akzeptiert zu werden, kann es immer noch passieren, dass Schreibblockaden entstehen. Dann ist es besser, das Manuskript für ein paar Tage zur Seite zu legen, als sich zu einem Text zu zwingen, der dann doch nicht gelingt. Manchmal bewirkt auch eine veränderte Umgebung einen Gedankenfluss. Was mir hilft und was ich deshalb empfehlen kann, ist, aufzuschreiben, was mich gerade bewegt, was ich verarbeiten muss, nur zunächst für mich selbst, noch nicht zum Übernehmen in das Manuskript.

2.9 Spielen

Den Kommentar über das Glückspiel überlasse ich lieber anderen Experten, zumal ich nicht glaube, dass man damit eine nachhaltige Lösung für das Problem der Langeweile findet. Auch Spiele, die nur von Leistungssportlern erreicht werden, wie z. B. Olympische Spiele, meine ich natürlich nicht. Mag sein, dass auch Bingo, das Spiel, das m. W. zuerst auf Kreuzfahrtschiffen gespielt wurde, ein Glücksspiel ist, aber mehr in geselliger Form mit nicht zu hohen Einsätzen. Aber Spielen im klassischen Sinne ist eine Abwechslung, die dazu beiträgt, Langeweile zu verringern. Ein paar Arten von Spielen, die sich eignen, möchte ich aufführen.

Ziemlich verbreitet sind bei uns Brettspiele oder Kartenspiele, wie Doppelkopf, Skat oder das gesellige Bridgespiel. Es gibt natürlich zahllose Spiele speziell für Kinder. Es gibt Spiele, die mehr zum Zuschauen geeignet sind, als zum Mitspielen, zuallererst das Fußballspiel mit Millionen Zuschauern am Fernseher und in den Stadien. Nicht alles gibt es natürlich umsonst oder preiswert. Das gilt z. B. für die Übertragung von Fußballspielen der Champions League im Fernsehen. Aber auch dafür gibt es eine kreative kostenfreie Lösung. Parallel zu dem Spiel das im normalen Fernsehen nicht übertragen werden darf, gibt es im dritten Programm einen Fan-Talk mit Experten, die das Spiel kommentieren.

Man kann darüber streiten, ob Boule Sport ist. Jedenfalls fördert es die Geselligkeit und regt dazu an, nach dem Spiel noch auf einen Drink zusammen zu sitzen und zu klönen. Wir nennen das „After Boule". Das „After" kann man natürlich auch auf andere Freizeitgestaltungen beziehen. Z. B. gibt es Gruppen, die nicht nur regelmäßig spielen, sondern auch gemeinsame Ausflüge organisieren. Das kann man in NRW, z. B. im Sauerland oder in der Eifel, oder auch in anderen Freizeitgebieten beobachten. Manche haben dann auch ein Musikinstrument dabei, das sie gut spielen können, während die anderen mehr oder weniger gut singen können.

Mir ging es in diesem Kapitel darum, zu erklären, dass viele Spiele auch ohne besondere Fähigkeiten oder finanziellen Aufwand mit gemacht werden können und meistens auch die Basis für entsprechende Kontakte sind.

2.10 Ahnenforschung

Ahnenforschung kann spannend sein, jedenfalls dann, wenn man das etwas anders definiert, nämlich als Reise in die Vergangenheit. Diese Reise beginnt mit einem Schuhkarton oder einer alten Zigarrenkiste. Meistens finden sich vergilbte Fotos darin oder Abzeichen. Manchmal befinden sich in einer Schreibox mit altem Verschlussriegel kaum lesbare Dokumente, Zeugnisse oder Urkunden von Vorfahren, die schon unsere Eltern weiter gereicht haben, ohne sie zu lesen. Aber wie kommt man dazu?

In meinem Fall war es ein Cousin, der mich gefragt hatte, ob ich noch irgendwelche Unterlagen von meinem Vater, dem Bruder seines Vaters, besitze, denn er sei wegen des Lockdowns jetzt endlich dazu gekommen, unsere Ahnenforschung voranzutreiben, und sei bis zum Jahr 1836 gekommen, allerdings noch mit vielen Lücken. Ich kann mir vorstellen, dass die Pandemie sogar für viele der Grund war, mit der Familienchronik zu beginnen und damit eine schon fast vergessene Tradition wieder aufleben zu lassen und bei Standesämtern zu forschen sowie in Kirchenbüchern zu lesen.

Auch eine solche Beschäftigung hat dazu beigetragen, einen Teil der Langeweile während des Lockdowns zu vermeiden. Vielleicht führt Sie das sogar noch weiter zurück. Wie war das eigentlich im Mittelalter und warum sind damals so viele Menschen an der Pest gestorben, unsere Vorfahren aber nicht, denn sonst gäbe es uns nicht. Was waren diese Menschen? Welche Rolle spielt der Name, hatte dieser etwas mit dem Beruf zu tun und aus welcher Gegend stammt die Familie? Diese Fragen öffnen neue Betrachtungsweisen, auf die Sie sonst vielleicht gar nicht gekommen wären. Wenn Sie Lust haben, sich damit auseinander zu setzen, dann können Sie sich auch von einer darauf spezialisierten Agentur helfen lassen. Und am Ende verfügen Sie über einen, wenn auch noch lückenhaften, Stammbaum Ihrer Familie.

2.11 Bewegung

Ich kenne keinen Arzt, der seinen Patienten nicht empfiehlt, sich mehr zu bewegen. Das gilt nicht nur für Ältere. Allerdings hat das Grenzen. Wenn ich beispielsweise einem untrainierten 80-Jährigen empfehlen würde, das Sportabzeichen zu machen, wäre das keine gute Idee. Es kommt auch vor, dass jemand, der nicht fit genug ist, vergisst, auf den Schwierigkeitsgrad seines Wanderweges zu achten. Andere haben während der Zeit der Pandemie den kurzen Rundlauf auf Terrasse oder Balkon entdeckt oder gehen ab und zu die Treppe hoch, statt mit dem Aufzug zu fahren.

Es geht also hier nicht um Bewegung im Sinne von Ergriffenheit oder „es bewegt sich etwas", z. B. in der Politik, sondern es beginnt bereits mit der morgendlichen Gymnastik nach Anleitung im Fernsehen. Da auch die Fitnesscenter zeitweise geschlossen waren, haben einige einen Hometrainer angeschafft. Das

Fahrrad hat einen unglaublichen Schub bekommen mit der positiven Nebenwir-
kung, dass überall darüber nachgedacht wird, neue Radwege besonders in den
Städten zu schaffen. Dazu kann man nur die Hoffnung aussprechen, dass ein
solches Vorhaben nicht in die nächste Wahlperiode verschoben wird.

Da Sie bestimmt schon öfter die Ermahnungen zu mehr Bewegung gehört
haben, erspare ich mir, hier das auch zu tun. Aber ein generelles Problem möchte
ich nun doch erwähnen, und das ist die „Aufschieberitis" (fachlich auch „Prokrastination"), ein Wort, das Sie wahrscheinlich schon gelesen haben und das
leider immer wieder auftaucht. Man erfindet immer neue Gründe, um eine sport-
liche Übung ausfallen zu lassen. Auch ich kann mich davon nicht frei sprechen,
aber ich versuche zumindest, es in Zukunft besser zu machen. Neulich, als ich
in einem Restaurant darüber nachdachte, beobachtete ich ein kleines Kind, das
mithilfe seines Vaters das Laufen lernen wollte. Es fiel immer wieder hin, aber es
stand sofort wieder auf, lachte sogar und fiel wieder hin. Ist das nicht ein Vorbild
für uns Erwachsene?

2.12 Kontakte

Über Kontaktarmut als Ursache hatte ich schon berichtet. Eigentlich wollte ich
jetzt mit ein paar Beispielen erklären, wie man Kontakte bekommt und behält.
Aufgrund der Pandemie hat sich die Priorität gedreht. Wegen der Ansteckungs-
gefahr ging es zunächst darum, direkte Kontakte möglichst zu vermeiden. Darauf
müssen wir uns in geringerem Maße sicher auch weiterhin einstellen.

Es geht dabei auch nicht darum, Kontakte grundsätzlich zu umgehen, sondern
um persönliche Kontakte. Alle Maßnahmen, wie insbesondere Abstand halten,
Masken, Quarantäne, Reisebeschränkungen oder Restaurantschließungen dienen
letztlich diesem Zweck. Für diejenigen, die schon in normalen Zeiten Probleme
damit haben, Kontakte zu bekommen und zu behalten, wird die Sache dadurch
noch schwieriger. Aber ein paar Möglichkeiten gibt es dennoch.

Inzwischen gibt es zwar mehr Freiheiten, aber die Pandemie hält an. So kommt
es jetzt wieder öfter vor, dass man jemanden anruft, mit dem man sich nicht
persönlich treffen kann. Man kann E-Mails schreiben und eine Bestellung nach
Hause liefern lassen ohne unnötige Kontakte im Supermarkt. Die Nutzung des
Fahrrades ist möglich, und der Kontakt zum Nachbarn funktioniert auch mit 1,5 m
Abstand. Nur im Aufzug fahren manche lieber nicht mit, wenn schon eine Person
darin ist. Den Hausarzt, der zu seinen Patienten nach Hause kommt, gibt es leider
kaum noch, obwohl die Vermeidung des Wartezimmers für viele ältere Menschen

besonders wichtig ist. Aber zumindest die Rezepte für Medikamente kann man auch mit der Post bekommen.

Das Homeoffice ist zwar weitgehend durch die Pandemie entstanden, aber es wird auch danach erhalten bleiben. Deshalb können auch die Jüngeren zu den damit verbundenen Vorteilen beitragen. Es ist eine gute Möglichkeit, den Verkehr (sowohl mit PKW als auch Bus oder Bahn) besonders in der Hauptverkehrszeit einzuschränken. Es wird Energie gespart. Es entsteht mehr Gestaltungsfreiheit der Arbeitszeit und eine direkte Ansprechbarkeit für individuelle Vorkommnisse in der Familie. Es wird ein Teil des Büroraums nicht mehr benötigt. Es gibt natürlich auch einen Nachteil. Dabei denke ich weniger an diejenigen, die darin eine „Aufforderung" zum Faulenzen sehen, sondern daran, dass der persönliche Kontakt zwischen den Mitarbeitern darunter leiden könnte. Aber das ist eine Frage der Organisation. Wichtiger ist es, dass die Ergebnisse stimmen und die betreffenden Mitarbeiter sich mehr als Unternehmer mit eigener Verantwortung fühlen können. Diese Situation wird auch den späteren Übergang in den Ruhestand erleichtern und Boreout nicht aufkommen lassen.

2.13 Teilhabe

Vom Kontakt zur Teilhabe ist es nur ein kleiner Schritt, denn wer keine Kontakte hat, hat auch keinen oder nur geringen Anteil am öffentlichen Leben in unserer Gesellschaft. Ich beginne diesen Abschnitt mit der auch von mir unterstützten These, dass das Vermögen zwischen Armen und Reichen in den meisten Ländern, so auch bei uns, ungerecht verteilt ist. Nicht selten kommt es vor, dass zehn Prozent der Menschen in einem Land über mehr als 50 % des Volksvermögens verfügen. Die meisten Politiker erklären (besonders vor Wahlen), dass sie das ändern wollen, aber es passiert dann doch nichts. Eher entsteht der Eindruck, dass sich die Lage der Armen von Jahr zu Jahr noch mehr zugunsten der Reichen verschlechtert.

Vielfach sind es deshalb finanzielle Gründe, die uns daran hindern, am gesellschaftlichen Leben teilzuhaben. Manchmal sind es auch technische Voraussetzungen, die besonders Ältere davon abhalten, z. B. an einer Videokonferenz teilzunehmen, weil sie nicht verstehen, wie das funktioniert. Da helfen auch die Erklärungen der Absender nichts, wenn diese nicht vor Ort sind. Ich plädiere dafür, dass wir mehr Geduld aufbringen sollten, auch diesen Menschen die Teilhabe zu ermöglichen.

Eine weitere Herausforderung besteht darin, auch die behinderten Menschen einzubeziehen. Deshalb brauchen wir auch zugewanderte Fachkräfte, die

dauerhaft ein Teil unserer Gesellschaft sein wollen und die angesichts des Pfle-
genotstandes dazu beitragen, dass Ältere sowie Pflegebedürftige am öffentlichen
Leben teilhaben können.

Unsere Gesellschaft hat erst damit begonnen anzuerkennen, welche Dienste
die Menschen in den Pflegeberufen erbringen. Es wäre doch schön, wenn auch
diejenigen hier ihre Hilfe einbringen, können die sonst aus Langeweile zu Hause
sitzen. Vielleicht hat die Corona-Krise bewirkt, dass die erforderliche Debatte
angestoßen wurde.

2.14 Vereine

Viele Deutsche haben „ihren" Verein. Sie füllen damit einen Teil ihrer Freizeit
aus, ob das eigene Sportaktivitäten sind und oder ob es – besonders offensicht-
lich – die vielen Mitglieder und Fans der Fußballvereine sind, die sich auch
öffentlich durch das Tragen entsprechender Trikots zu ihrem Verein bekennen.
Ebenfalls verbreitet sind in Deutschland auch die Schützen- oder Karnevals-
vereine, die zum Teil eine lange Tradition haben und interessanterweise keine
Nachwuchssorgen haben müssen. Das ist bei anderen Vereinen ganz anders, wie
z. B. Ehemaligenvereine von größeren Unternehmen, die allmählich aussterben,
zumal dann, wenn auch die betreffenden Firmen nicht mehr existieren.

Manche Vereine sind auch zu einem bestimmten Zweck gegründet worden,
z. B. zur Erhaltung eines Denkmals und es gibt Heimatvereine zur Erhaltung und
Pflege nationalen Brauchtums. International kann das auch die Pflege einer Sprache sein, beispielsweise durch die Organisation der Schlaraffia für die deutsche
Sprache, Kunst und Kultur im Ausland (s. Hilfsangebote).

Nicht nur der Fußball, auch viele andere Sportarten sind in Form eines Ver-
eins organisiert. Die Mitgliedsbeiträge sind moderat und die meisten Vereine sind
auf Gemeinnützigkeit ausgerichtet. Manche dienen auch einem sozialen Zweck.
Oft verfügen sie über Vereinslokale zur Pflege der Geselligkeit. Ich glaube deshalb, dass auch die Vereine dazu beitragen können, Langeweile und Boreout zu
vermeiden. In manchen Fällen kann es sogar vorkommen, dass jemand mit einer
ehrenamtlichen Funktion in einem Verein glücklicher wird als mit der beruflichen
Karriere.

2.15   Treffpunkte

Mit Treffpunkten sind nicht die Anzeigen in der Samstagsausgabe der Tageszeitung gemeint, auch nicht, was wohl nur noch die Älteren kennen, der Ball der einsamen Herzen oder die Bahnhofsuhr (in Köln war das übrigens der Blumenladen am Haupteingang und in Hannover die Kröpke-Uhr). Was ich vorstellen möchte, sind z. B. Oldtimer-Treffen. Einige Teilnehmer, mit denen ich darüber sprechen konnte, haben mich davon überzeugt, dass es dabei nicht nur um die Begutachtung der restaurierten Autos geht, sondern um die regelmäßig stattfindende Geselligkeit. Dafür gibt es natürlich auch noch andere Anregungen, z. B. den Lauftreff im Stadtpark oder den Ausflug mit dem Fahrrad. Und ich treffe mich regelmäßig mit zwei Freunden zum Spaziergang im Stadtwald.

In mancher Altstadt gibt es Treffpunkte, dort sitzt man, um zu sehen und gesehen zu werden. Oft gibt es „In"-Lokale, wo man Leute trifft, die dort öfter auftauchen, und keiner kann mehr rekapitulieren, warum das gerade in dieser Kneipe stattfindet und nicht in einer anderen ein paar Meter weiter. In manchen Familien wird noch regelmäßig Geburtstag gefeiert, und zur Kirmes trifft man sich mit ein paar anderen Freunden in einem Bierzelt. In mehr dörflichen Gegenden gibt es noch den Brauch, dass man nach der Kirche am Sonntag zum Frühschoppen geht, und ich treffe ab und zu ein paar Bekannte in meiner Stammkneipe.

2.16   Nachbarschaft

Ein Begriff, der wieder neu an Bedeutung erlangt, ist das Thema Nachbarschaft. In der Corona-Krise haben sich die Nachbarn von der gegenüber liegenden Straßenseite vom Balkon oder vom Fenster aus zum ersten Mal zugewunken. Ich habe in Brasilien gelernt, was „Panelada" bedeutet. Es ist eine Demonstration mit Ohren-betäubendem Geklapper von Kochgeschirren entlang der ganzen Straße, Damit wollen sich die Menschen solidarisch erklären, z. B. beim Protest gegen korrupte Politiker. In Deutschland kaufen oder bauen die Leute gerne dort ein Haus, wo es freundliche Nachbarn gibt.

„nebenan" nennt sich ein Unternehmen, das seine Dienste zur Pflege der Nachbarschaft anbietet. Denn nicht alles ist positiv im nachbarschaftlichen Zusammenleben, z. B. weil die Mülltonne ständig beim Nachbarn im Wege steht, weil Besucher den Parkplatz des Nachbarn blockieren, weil Kinder zu laut sind oder weil ein Baum über die Grundstücksgrenze wächst.

Aber überwiegend wird bei uns das Nachbarschaftsverhältnis als positiv emp-funden. Es beginnt damit, dass man sich als Zugezogener erst einmal bei den direkten Nachbarn vorstellt. Oft geht es um kleine Gefälligkeiten. Das können Zutaten sein, die beim Kochen oder Backen gerade fehlen, z. B. Salz oder Zucker. Oder es ist die Bohrmaschine. Üblich ist es bei uns auch, dass man einen (älte-ren) Nachbarn fragt, ob man ihm etwas mitbringen soll. Die Caritas empfiehlt sogar, einfach gelegentlich bei Älteren zu klingeln und zu fragen, ob alles in Ord-nung ist, ob sie Hilfe brauchen. Und wenn im Viertel für einen Martinsumzug gesammelt wird, sollte man sich dem nicht verschließen.

Schwieriger ist da schon die Frage zu beantworten, ob Pakete oder sonstige Sendungen für den Nachbarn angenommen werden sollten. Das hängt sicher von dem gegenseitigen Verständnis für solche Lieferungen vor allem in Bezug auf Haftungsfragen und die Mühen mit den Paketen ab. Auch nicht jeder Nachbar ist an einem freundschaftlichen Verhältnis interessiert. Manche möchten Abstand bewahren, während andere ihre direkten Nachbarn auch zu familiären Festen einladen. Aber in einem Hochhaus mit 50 Wohnungen sollte man eher davon ausgehen, dass die Bewohner anonym bleiben möchten. Und inwieweit das der Fall ist, kann man ganz gut bei den Eigentümer- und Mieterversammlungen beobachten.

Schließlich möchte ich auf eine Situation aufmerksam machen, die in diesem Zusammenhang wichtig ist. Es geht um das Thema Aufpassen, nicht auf sich selbst, sondern auf das Haus oder die Wohnung des direkten Nachbarn, der im Urlaub oder gerade mal eben Einkaufen gefahren ist. Da die Zahl der Einbrü-che unverändert hoch ist, müssen wir selbst mit dafür sorgen, dass ein Einbruch verhindert wird oder wenigstens nachgesorgt wird. Ich habe es z. B. meiner Nach-barin zu verdanken, dass der Schaden durch den Einbruch während des Urlaubs noch einigermaßen glimpflich abging, weil sie schon am nächsten Morgen die offene Terrassentür bemerkt und mich angerufen hat. Deshalb sollten Sie auch aufpassen, ob auf Ihrer Straße Personen „herumlungern", die da eigentlich nichts zu suchen haben, und lieber die Polizei anrufen, wenn Sie dafür keine Erklärung haben. Und wenn Sie in einem Mehrfamilienhaus fremde Personen sehen, kann man gemeinsam mit einem Nachbarn versuchen, die Situation zu klären.

2.17   Reisen

Wenn es stimmt, dass die Deutschen Reiseweltmeister sind, dann macht es Sinn zu überlegen, wohin die Reise gehen soll, und auch auf diese Weise zur Verhinde-rung von Langeweile beizutragen. Schon die richtige Planung kann genauso viel

Spaß machen, wie die Reise selbst. Angebote gibt es jedenfalls genug. Ältere Menschen sollten außerdem darauf achten, dass die Reise altersgerecht gestaltet wird.

Hauptziele der Reisenden sind das Meer oder die Berge, aber auch Städtereisen. Dort gibt es dann jeweils sehr unterschiedliche Möglichkeiten des Zeitvertreibs in Form von Ausflügen, Wanderungen oder Besichtigungen, also Urlaub im Urlaub. Der Trend in die Ferne ist zunächst vom Corona-Virus gestoppt worden und der „Ballermann" musste der Lüneburger Heide weichen.

Wer es sich leisten kann, fährt sowohl im Winter als auch im Sommer in den Urlaub, und als Transportmittel dienen Flugzeuge, Bahnen, Bus oder der eigene PKW. Ältere Leute bevorzugen Busreisen, weil sie auf diese Weise bessere Kontakte bekommen und auch keine lange Anreise haben.

Es gibt sehr verschiedene Möglichkeiten für spezielle Reisen – solche, die der Bildung dienen, oder auch Städtereisen. Ich würde z. B. gern ein paar Tage mit dem Orientexpress fahren, während andere lieber eine Kreuzfahrt machen oder nach Las Vegas zum Spielen fliegen. Wieder im Kommen sind Ferien auf dem Bauernhof besonders für Familien mit kleineren Kindern, die vielleicht auch die Großelterngeneration einplanen und mitnehmen.

So unterschiedlich wie die Urlaubsarten sind die Preise dafür, und es gibt sowohl Lastminute-Angebote als auch Frühbucherrabatte. Die Unterbringung erfolgt in Wohnungen, Hotels oder im eigenen Wohnwagen. Einen generellen Nachteil gibt es für Einzelreisende, denn sie müssen fast überall einen Einzelzimmerzuschlag bezahlen.

Fast alle Urlauber wollen etwas aus dem Urlaub mitbringen, zum Teil auch als Geschenk für Freunde oder Familienangehörige, und haben außerhalb des Euro-Raumes Schwierigkeiten, dauernd die Währungskurse umzurechnen. Erst zu Hause stellt man fest, dass man manche Einkäufe lieber hätte lassen sollen. Ein Zusatznutzen des Urlaubs könnte hingegen darin bestehen, dass man ein paar Worte einer fremden Sprache gelernt hat und andere Sitten sowie Gebräuche akzeptiert.

Bleibt schließlich die Frage, was machen die Leute eigentlich während des Urlaubes? Da gibt es das Stichwort Urlaubslektüre. Auch bei vielen Ablenkungen vor Ort gibt es Phasen, in denen man nichts zu tun hat. Deshalb gehört auch ein leicht lesbares Buch in das Urlaubsgepäck. Dass Boreout auch im Urlaub ein Problem sein kann, möchte ich an folgendem Beispiel demonstrieren: Bei einem Treffen mit meiner Doppelkopfgruppe war uns aufgefallen, dass unser Hotel zum Abendessen gut besucht war, aber kurz danach waren wir die einzigen Gäste in der Bar. Wir haben deshalb die Kellnerin gefragt, wo die Leute denn jetzt alle seien. Ihre Antwort: „Die sind alle in ihren Zimmern und sitzen am Fernseher!"

Man kann die Zeit im Urlaub aber auch anders verbringen, z. B. so:

„Ein Abend in Passa Quarto" – Der Tag hat sich verabschiedet, die Nacht beginnt, mitten in Brasilien, abseits von der nächsten Zivilisation. Es herrscht totale Stille und es ist vollkommen dunkel, kein Licht, keine Sterne, keine Bewegung, kein Wind, und die Tiere in der Fazenda sind lautlos. Berge um uns herum, nur ganz hinten zwischen zwei Bergen ein Tal, das man aber jetzt nicht sehen kann. Eine einzigartige Stimmung, die man kaum beschreiben kann. Wir sind zu Viert und ebenfalls ganz ruhig. Unsere Gedanken kommen und denken sich in uns hinein, keiner spricht etwas, jeder ist mit sich selbst beschäftigt. Was wird der nächste Tag uns bringen und die nächste Nacht?

2.18   Networking

Bevor ich zu den Hilfsangeboten komme, möchte ich auf ein Thema eingehen, das in unserer Gesellschaft eine wichtige Rolle spielt: das Networking, das sich geradezu anbietet, vom mehr beruflichen Umgang in den privaten Lebensbereich übertragen zu werden. Wie kann ich am besten mein persönliches Netzwerk aufbauen?

Zunächst ist wichtig, dass man damit beginnt, bevor man es braucht, und dass es nicht einseitig ist, sondern aus Geben und Nehmen besteht, manchmal auch unbewusst. Es geht also nicht nur um die übliche Kontaktpflege und auch nicht um den Abschluss einzelner Geschäfte, nicht um die Frage, ob Homeoffice auf die Dauer den persönlichen Kontakt unter den Mitarbeitern gefährdet, sondern um den Aufbau einer tragfähigen Beziehung, die auch in schwierigen Zeiten stabil bleibt.

Im weiteren Sinne kann Networking auch indirekt wirken (Kennst Du die Person?) oder der „richtige" Handwerker, Steuerberater und der Anwalt sind Bestandteil des Netzwerkes. Es gibt Vereine, in denen man nur mithilfe eines Paten aufgenommen wird. Und in manchen (größeren) Unternehmen gibt es Gruppierungen. Wenn man denen nicht angehört, macht man in diesem Betrieb keine Karriere.

2.19   Hilfsangebote

Bei objektiver Betrachtung wird man zu der Erkenntnis kommen, dass es ein vielfältiges Angebot für Hilfen gibt, die insoweit Boreout vermeiden. Man muss allerdings wissen, was man wo findet. Dabei möchte ich Ihnen helfen.

Grundsätzlich kann man davon ausgehen, dass es entsprechende Angebote insbesondere von sozialen Einrichtungen fast überall gibt. So bin ich bei meinen Recherchen auf folgende Anregungen gestoßen. Probieren Sie das doch einfach auch mal aus:

- „Was mache ich denn morgen?",
- „Sprechstunde im Stadtbezirk 7",
- „Gemeinschaftstreff in St. Ursula",
- „Nachbarschaftliches Miteinander",
- „Die Männerkochtruppe",
- „Hallo Nachbar",
- „Analoger Gottesdienst",
- „Welches Ehrenamt suchen Sie?",
- „Initiative für Afrika",
- „Telefonspaziergänge",
- „Stadtteiltreff".

Vielleicht reizt es Sie auch, nicht nur passiv nachzudenken, was man machen könnte, sondern auch selbst mitzumachen, z. B.

- Smartphone-Schulung für Senioren,
- bei einem wöchentlichen Plausch mitmachen,
- für einen kranken Freund einkaufen,
- ehrenamtlicher Helfer in der Stadtbücherei,
- Lesen aus eigener Produktion im Buchladen um die Ecke,
- „Sprechen hilft auch Ihnen, wir hören zu",
- „Kommen Sie gern vorbei und besuchen Sie uns",
- vielleicht brauchen Sie selbst Hilfe, dann kann daraus ein gegenseitiges Bündnis entstehen, nach dem Motto „Ich helfe Dir und Du hilfst mir".

Eine besondere Form von Hilfsangeboten sehe ich in der Meditation. Dabei geht es darum, zur Ruhe zu kommen. Es gibt dafür verschiedene Formen und Praktiken. Manche können das auch mit einer Begleitmusik erreichen. Schließlich möchte ich auf eine Organisation aufmerksam machen, in der man sich auch international engagieren kann: die oben bereits kurz erwähnte Schlaraffia. Das ist ein weltweiter Zusammenschluss von Männern mit langer Tradition. Es ist eine deutschsprachige Vereinigung zur Verbreitung und Pflege des deutschen Brauchtums. Sie treffen sich wöchentlich in sog. „Sippungen" und haben eine humorvolle Form des Umgangs miteinander. Besonders ansprechbar dafür sind

Deutsche, die lange Zeit im Ausland leben oder gelebt haben und auf diese Weise ihre Tradition pflegen können.

2.20 Geschäftsmodell

Ein Architekt denkt darüber nach, wie er im Zeitalter des Homeoffices ein Gebäude plant und bauen kann. Die Autoindustrie muss sich darauf einstellen, dass es schon bald keine Verbrennermotoren mehr geben wird. Erdöl und Erdgas werden durch regenerative Energien ersetzt. Ein amerikanischer Wissenschaftler plädiert dafür, dass man nicht alles kaufen muss, um es zu nutzen. Ein Unternehmen, das Hemden herstellt, kann schnell auf die Produktion von Masken umstellen. Aber was soll beispielsweise der Leiter einer Bankfiliale machen, die mangels Bedarf geschlossen wird, vielleicht hat er einen Plan B. Und was soll mit einer Gaspipeline geschehen, weil keiner mehr das Gas braucht, vielleicht auf Wasserstoff umstellen? Oder, was halten Sie vom „Geschäftsmodell Frau" – Frauen machen im Wirtschaftsleben immer mehr Karriere und entwickeln eigene Geschäftsmodelle.

Das Thema ist überall akut und die meisten haben auch verstanden, dass sich ihr Geschäftsmodell grundlegend verändern muss, nicht nur dadurch, dass mehr Umsatz gemacht wird. Das wäre zu kurz gesprungen. Dann schon eher mit Ausgründungen in Form von Start-ups, die nur noch wenig mit dem früheren Unternehmen zu tun haben. Vielleicht kommt ja auch ein 67-Jähriger auf die Idee, mit der Basis seines Wissens ein Start-up zu gründen, um Boreout zu vermeiden.

2.21 Resumee

Es gibt generelle Themen, die zum Umdenken auffordern. Das gilt insbesondere für den Klimaschutz und die Ressourcenschonung. Welche Geschäftsmodelle treffen den Nerv der Zeit? Es gibt Business-to-Business-Geschäftsmodelle, also solche, die sich nicht direkt an Kunden wenden. Und es gibt Geschäftsmodelle, die durch gesetzliche Veränderungen ausgelöst werden, wie zum Beispiel die Teilung der Maklerprovision beim Hausoder Wohnungskauf.

Auch die „normalen" Menschen können sich nicht mehr damit heraus reden, dass sie das alles nichts anginge und ihr Engagement z. B. für den Klimaschutz viel zu unbedeutend wäre. Auch wir alle sind aufgefordert, dabei zu helfen, und

Langeweile kann dann eigentlich nicht aufkommen. Es macht also Sinn, darüber nachzudenken:

1) **Vorsorgen:** Ein persönliches Geschäftsmodell kann nicht ohne die Vorsorge für das Alter, Krankheit und Arbeitslosigkeit funktionieren. Deshalb gibt es ja auch die gesetzliche Sozialversicherung, und als Selbstständiger muss man selbst dafür sorgen.

2) **Versichern:** Es gibt mehrere Versicherungen, die Sinn machen, z. B. eine Hausratversicherung, eine Rechtsschutzversicherung oder eine Insassenversicherung im Auto. Das muss also individuell geprüft werden.

3) **Wohnen:** Das bezahlbare Wohnen wird immer mehr zum Problem. Dabei geht es nicht nur um Haus oder Wohnung, sondern Stadt oder Land. Das muss also abgewogen werden.

4) **Arbeiten:** Die Zeiten, in der einer die Familie, meistens der Mann, mit seiner Arbeit alle ernähren konnte, sind vorbei. Heute teilen sich die Paare diese Aufgabe. Das hat den Vorteil, dass auch die Frauen damit Rentenansprüche erwerben können.

5) **Lernen:** Weiterbildung braucht man ein Leben lang, und gerade jetzt erkennt man diese Notwendigkeit an der Digitalisierung. Selbst die Schalter und Knöpfe im neuen Auto sind entweder anders angeordnet als bei dem alten Wagen oder durch Displays ersetzt.

6) **Kommunizieren:** Mit wem wollen Sie Kontakt halten, wie nah stehen Sie sich? Tun Sie etwas für diese Beziehung, und wie zufrieden sind Sie damit?

7) **Beteiligen:** Das ist ideell gemeint: Beteiligen Sie sich an einer sozialen Organisation, indem Sie auch persönlich daran mitarbeiten und anderen helfen?

8) **Gesund leben:** Tun sie etwas für Ihre Gesundheit, machen Sie regelmäßig einen Check-up bei Ihrem Hausarzt, treiben Sie Sport, achten Sie auf eine gesunde Ernährung?

9) **Organisieren:** Wie ist Ihr Geschäftsmodell organisiert, gibt es eine bestimmte Aufgabenteilung, wie ist der Umgang miteinander in der Familie? Sprechen Sie regelmäßig über Ihr Leben oder schauen Sie sich nur das im Fernsehen an?

10) **Finanzieren:** Auch das „Unternehmen" Familie muss finanziert werden. Wie sicher sind die Einkünfte, wie groß sind die Verpflichtungen, z. B. für Wohnung, Auto und Versicherungen? Gibt es Rücklagen für Ausfälle?

Gesellschaft als Gemeinschaft

Wir leben in einer Welt, die sich stetig und immer schneller verändern wird. Wir wissen zwar noch nicht, welche Entwicklungen dabei erforderlich sind, aber angestrebt wird bereits, dass aus der bisherigen Gesellschaft eine Gemeinschaft entstehen muss. Die Menschen werden sich anders verhalten müssen. Sie haben in der Pandemie gelernt, wie wichtig es ist, einander zu helfen, sich mehr Gedanken darüber zu machen, welche Zukunftschancen sie haben. Aber ohne sich selbst auch mehr anzustrengen werden sie kaum am Fortschritt teilhaben können. Die anfänglich erlernte Ausbildung wird nicht mehr ausreichen, um das ganze Leben zu gestalten, und wir alle sind neugierig, wie wir in zehn Jahren leben werden.

Die Ausgangssituation ist, dass die Vergangenheit eine Lehre für die Zukunft sein kann. „Wir werden einander viel zu verzeihen haben", sagte der Gesundheitsminister Jens Spahn 2020 in einer Talkshow. Sich darüber aufzuregen, wer was wann falsch gemacht hat, bringt gar nichts. Roger Willemsen hat ein Buch mit dem Titel „Wer wir waren" geschrieben. Das ist vielleicht das letzte Bekenntnis zu unserer Vergangenheit. Jetzt sind wir bei der Bestandsaufnahme, Einsamkeit spielt eine größere Rolle, und diejenigen, die dieses Problem nicht haben, sind aufgerufen, die Einsamen nicht im Regen stehen zu lassen.

Das Stichwort Solidarität kommt auf. Immer mehr Beispiele zeigen, dass wir eine gemeinsame Verantwortung haben, z. B. für den Klimaschutz, die Schonung unserer Ressourcen, für die Einhaltung der Vorschriften in der Pandemie, und sei es auch nur dadurch, dass man in der Situation der Schließung von Läden und Gastronomie ab und zu das Essen im Stammrestaurant bestellt, um dem Wirt zu helfen, eine solche Zeit zu überstehen.

Den Kampf gegen den neuerdings wieder stärker aufkommenden Rassismus können wir nur gemeinsam gewinnen, und es ist nicht gut, wenn sich einige Politiker nicht an die gemeinsam getroffene Beschlüsse halten. Aber es gibt auch positive Tendenzen, z. B. die Hilfsbereitschaft der Menschen in der Pflege

D. Goldammer, *Boreout*, essentials, https://doi.org/10.1007/978-3-658-36251-5_3

oder in zahlreichen Ehrenämtern für diejenigen, die diese Aufgabe nicht mehr allein schaffen könnten. Das Eintreten füreinander wird deutlich. Die Familien gewinnen wieder an Bedeutung, vielleicht sogar in der traditionellen Lebensform als erstrebenswertes Lebensmodell des Zusammenhalts von Großeltern, Eltern und Kindern. Nachbar- und Hausgemeinschaften werden wieder mehr gepflegt und vermitteln das Gefühl von sozialer Geborgenheit.

In den Unternehmen entscheidet manchmal das Betriebsklima, ob ein Bewerber mitarbeiten möchte, und nicht das Bruttogehalt. Auch auf europäischer Ebene brauchen wir mehr Solidarität, und in den USA hat der neue Präsident Joe Biden bei seiner Antrittsrede im Januar 2021 seinen Landsleuten zugerufen: „Hört aufeinander, kümmert Euch umeinander!" Nicht immer sind die Voraussetzungen dafür gegeben. Es gibt Stadtteile, in denen 50 % Singles leben. Man kann auch den Eindruck gewinnen, dass das Einfamilienhaus, in dem die Witwe oder der Witwer noch leben, der Grund für deren Vereinsamung ist.

Ein besonderes Problem während der Pandemie sind unsere Schulen. Wenn wir das Konzept nicht in den Griff bekommen, könnte daraus ein Bildungsdefizit entstehen. Deshalb wäre der Gemeinschaft schon geholfen, wenn Studierende bei den Hausarbeiten helfen, während die Mütter und Väter im Homeoffice arbeiten. Die jüngere Generation könnte ehrenamtlich helfen und ältere Menschen beim Umgang mit dem Internet unterstützen. Besonders gilt das für die Fähigkeit, eine E-Mail zu schreiben oder weiterzuleiten oder ein Smartphone zu bedienen. So können beide Generationen einen Teil ihrer Freizeit umsetzen und insoweit Boreout vermeiden.

Gemeinsame Aufgaben für die Zukunft gibt es jedenfalls genügend. Man denke nur an die Themen Klimaschutz, Nachhaltigkeit, Ressourcenschonung oder demografischer Wandel. Wir brauchen dafür die individuelle Bereitschaft zum Mitmachen. Auch ein kleiner Beitrag (z. B. das Wasser nicht während des Zähneputzens weiter laufen zu lassen, kürzere Strecken zu Fuß und nicht mit dem Auto zurückzulegen oder eine alte Heizungsanlage zu erneuern) ist nicht zu klein und kann dabei mithelfen. Auch dabei kann man einen Teil der freien Zeit sinnvoll gegen Boreout einsetzen.

Schließlich hat die eingeschränkte Freiheit in der Pandemie viele Menschen angeregt, darüber nachzudenken, wie sie ihr Leben in Zukunft gestalten wollen. Ich kenne in meinem Bekanntenkreis mehrere, die beschlossen haben, sich vermehrt sozial zu engagieren und sich an Spendenaktionen zu beteiligen. Die Möglichkeiten, Anderen, besonders Älteren, zu helfen, sind in letzter Zeit zahlreicher geworden und stärken das Wir-Gefühl. Besonders aktiv sind Initiativen in vielen Stadtteilen der Großstädte geworden. „Nachbarschaft stiften", „am Gemeinschaftsleben teilhaben" oder das „Netz gegen Einsamkeit" sind nur einige

Beispiele dafür. Auch die Bereitschaft zum Impfen gegen das Virus trägt dazu bei, sich zu dieser Gemeinschaft zu bekennen.

Dazu passt ein letztes Beispiel aus meiner Umgebung: Acht Frauen treffen sich regelmäßig einmal in der Woche und diskutieren über ihren Leitspruch „was uns bewegt". Vielleicht kann ich damit auch einige Leser dazu motivieren, so etwas zu organisieren. Und in meiner Stadt wird das Seminar „Kochen für Männer" angeboten. Ich werde dort hingehen, wenn eine größere Zahl von Teilnehmern aufgrund der Pandemie wieder erlaubt ist.

Was Sie aus diesem *essential* mitnehmen können

- Anregungen zur Eigeninitiative
- Hilfe bei der Suche nach Angeboten
- Entdeckung der Nachbarschaft
- Ideen für Aktivitäten
- Verständnis für die Gemeinschaft

Literatur

Altmann, A. (2017). *Gebrauchsanweisung für das Leben.* C.Hanser.
Berndt, C. (2015). *Resilienz.* dtv.
Fuchsberger, J. (2011). *Alt werden ist nichts für Feiglinge.* Gütersloher Verlagshaus.
Goldammer, D. (2016). *After work balance.* Springer.
Hodgkinson, T. (2015). *Anleitung zum Müßiggang.* Insel.
Ironside, V. (2016). *Nein, ich will keinen Seniorenteller.* Random House.
Kraemer, U. (2018). *Aufbruch zu neuen Ufern.* BoD-Books.
Robelli, R. (2015). *Wer bin ich?* Diogenes.
Schmid, W. (2014). *Gelassenheit.* Insel.
Semmer, P. (2014). *Storytelling.* O. Reilly.

CPSIA information can be obtained
at www.ICGtesting.com
Printed in the USA
LVHW081043070222
710460LV00012B/825